Acaba Kim?

İlk basım 2003'te *Le livre des qui* adı ile
La Martiniére Groupe tarafından gerçekleştirilmiştir.

Yazar: Laura Jaffé - Alain Korkos
Resimleyen: Véronique Deiss
Türkçeleştiren: Işık Ergüden
Editör: Figen Müge Erel

Baskı ve Cilt: Ertem Basım Yayın Dağıtım San. Tic. Ltd. Şti.
Eskişehir Yolu 40. Km. Başkent OSB 22. Cadde No: 6 Malıköy/Ankara
0 312 284 18 14

Birinci Basım: Ocak 2015 (2000 adet)

ISBN: 978-9944-69-936-5

Yayınevi sertifika no: 11945
Matbaa sertifika no: 26886

www.tudem.com

Acaba Kim?

Laura Jaffé
Alain Korkos

Resimleyen:
Véronique Deiss

tudem®

içindekiler

Kim yazar olabilir?

Piyano dersi almadan piyanist olmak veya uzun yıllar kursa gitmeden dansçı olmak imkânsızdır. Çünkü sanatçı olmak "öğrenilir".

Peki, ya yazar olmak? Amerikalılar, yazmanın da tıpkı diğer sanatsal çalışmalardaki gibi öğrenilebileceğini düşünüyorlar. Ünlü yazarların yetiştiği bazı prestijli okullarda bir polisiye roman entrikası ya da güzel bir aşk hikâyesi kurgulayabilmek için reçeteler ve ipuçları öğretiliyor.

Ama genel eğilim yazmayı tekil bir sanatsal pratik olarak kabul etme şeklinde. Yazmak; kendinden, duygulardan, fikirlerden söz etmek olduğu için acemi yazara kullanım kılavuzu önermenin çok büyük bir değişim yaratmayacağı düşünülür. Zaten giderek sayıları artan yazı atölyeleri de genellikle katılımcıları yazar yapma iddiasında bulunmadan, yazma zevkini paylaşmayı önerirler.

Yazar sanatının kaynaklarını kendi içinde bulmalıdır. Peki, kimler yazar olabilir? Kesinlikle yazmayı seven ve boş kâğıtların önüne oturup tekrar tekrar çalışma sabrını içinde hisseden kişiler. Çünkü diploması olmasa da, yazarlık disiplinli çalışmaların sonunda meyvesini verir.

Şair ve romancı Raymond Queneau'nun da dediği gibi; nasıl ki demir döverek demirci olunursa, ancak yazarak yazar olunur.

Kim psikoloğa gider?

İster çocuk olsun ister yetişkin, kişinin yaşamını anlık olarak berbat eden küçük ya da büyük kaygılardan korunması zordur. Böyle zamanlarda mesleği bize yardım etmek olan bir psikoloğa gitmek en iyisidir.

Bu uzmanlar seanslar sonunda güçlüklere karşı koymak için gereken enerjiyi ve güveni bulmamızda bize yardım ederler. Yine de, bir psikologla ilk görüşme genellikle kaygı vericidir. Kimi zaman, korku ve utanç duygularının karmaşasında kalıp, "Ruhsal rahatsızlıklarımız için bir uzmana mı gideceğiz?" diye düşünebiliriz.

Kişinin kendi sorunlarına çözüm bulması kimi zaman güçleşir. Bir yakınımızın ölümüyle yıkılmış, okulun dayattığı düzen karşısında cesaretimizi yitirmiş, tekrarlayan ve açıklanamayan kaygı ve kâbusların tuzağına düşmüş, elimizi kolumuzu bağlayan bir utangaçlığın esiri olmuş veya hâkim olunması imkânsız bir saldırganlıkla güç duruma düşmüş olabiliriz. Psikolog, hislerimizi anlayarak yardım etmek üzere, bizi yargılamadan yanımızda olan kişidir.

Cevap verelim: EVET! Çünkü psikolog, insan ruhunun mekanizmalarını incelemek için uzun yıllar (en az dört yıl) üniversitede eğitim görmüş; dinlemek, anlamak ve yol göstermek için yetiştirilmiştir. Bir psikoloğa kimseye söylemeye cesaret edemediğimiz; haftalardır, aylardır, hatta yıllardır gizliden gizliye bize rahatsızlık veren her şeyi anlatıp nihayet sorunlarımızdan kurtulabiliriz!

Tuvalet Kâğıdını Kim icat etti?

Yüzyıllar boyunca tuvalet kâğıdı yerine birçok başka malzeme kullanıldı: bitkisel süngerler, ağaç yaprakları, yün, kenevir, eski gazeteler...

Çin'de, 14. yüzyılda icat edildiğinde, tuvalet kâğıdını yalnızca imparator kullanıyordu. Ancak 19. yüzyılın sonlarında zengin ülkelerde yaygın bir tüketim nesnesi haline geldi. Fakat bugün bildiğimiz kokulu ve yumuşak haliyle hiç alakası yoktu. Amerikan *Northern Tissue* şirketinin reklam sloganı da buna kanıttır: 1935 yılında talaş bazlı imal edilmiş tuvalet kâğıtlarının meziyetlerini överken, kıymık batma tehlikesi yok, şeklinde güvence vermişlerdir.

Günümüzde hijyenik kâğıt kullanımı yaygın olsa da, ekolojistler kâğıt mendil ve havluların aşırı tüketimine karşı çıkmaktalar. Bu aşırı tüketim ormanların yok olmasının temel sebeplerindendir. 1990'lı yılların sonunda Japonlar'ın israfa karşı ürettikleri çözüm denenebilir: Klozetlere konan bir su fıskiyesi ve kurutucu.

Asma yaprağını uzatır mısın şekerim?

Ateş Kuşu kimdir?

Ormanda gezerken ateş kuşuna rastlamanız pek mümkün değildir. Çünkü dillere destan güzellikteki bu hayvan yalnızca Batı mitolojisinde yer alır ve "feniks" adıyla bilinir.

Parıltılı renklerdeki bu muhteşem kuş, 500 yaşına yaklaşınca bir meşale gibi yanar ve birkaç gün sonra da küllerinden yeniden doğar. Yüzyıllardan beri güzelliği ve ölümsüzlüğü simgelemektedir. Harry Potter'da Dumbledore'un sadık dostu ve aynı zamanda Rus besteci İgor Stravinski'nin ünlü balesi Ateş Kuşu'nun bir kahramanıdır.

Bu balenin yazıldığı 1910 yılından beri çok sayıda dansçı bu efsanevi kuşu yorumlamak üzere sahneye çıkmıştır. Ateş Kuşu Balesi çok kısa sürede büyük bir klasik haline gelmiştir. Çünkü kendi etrafında fır dönen muhteşem kuş figürü, bir dansçının sanatını sergilemesi için idealdir. Bu nedenle "ateş kuşu", birçok kişinin bütün zamanların en büyük dansçısı kabul ettiği kişinin de lakabıdır: Vaslav Nijinski.

20. yüzyıl başlarında bu Rus dansçı sahnede âdeta "uçabiliyordu." Art arda, saniyelerce havada kımıldamadan durabilen dansçı sıçrayışları sırasında sahne ışıkları tarafından yakılıyor gibiydi. "Asıl sahnedeyken yaşıyorum!" diyen Vaslav Nijinski, dünyadaki dans meraklılarının hafızasında güzel bir efsane kuş olarak ölümsüzleşmiştir.

Ben kimim?

Aslında ikili bir sorudur: "Tek ve yeri doldurulmaz kişi olarak ben kimim?" ve "İnsanlık için ben kimim?".

Her dönemde, her kültürden düşünürü meşgul etmiş bu soru görünüşte basittir. Bu soruyu sorduğumuzda, bu "ben"in kim olduğunu bilmek isteriz. Kendimizden söz ederken hepimizin kullandığı o birinci tekil şahıs "beni"in!

Yanıt da soru gibi ikilidir: Ben hem biricik olan; kendine özgü adı ve soyadıyla içimde yaşadığını hissettiğim kişiyimdir, hem de gezegeni dolduran altı buçuk milyar insandan biri.

Üstelik bu soru öyle karmaşıktır ki, her bilgi alanı farklı cevaplar verir: Felsefeye göre, "ben" öncelikle düşünebilen ve akıl yürütebilen bir varlığım. Psikolojiye göre, ailevi ve kişisel tarihinin şekillendirdiği bir kişiliğim. Biyolojiye göre, beslenmesi ve bakılması gereken bir bedenim; dinî boyutta ise kurtarılması gereken bir ruhum...

Ya bize göre? Emin olduğumuz tek şey, asla sen olamayacağımız, senin de bizden biri olamayacağı. Ne de olsa hepimiz birbirimizden farklıyız.

Kim her gün pirinç yer?

Hint pirinci, kokulu Tayland pirinci, Çin'in yapışkan pirinci, İran'ın sarı pirinci... Tuzlu yemeklerin, peksimetlerin, yağlı çöreklerin, şehriyenin, irmiğin yanında yenen pirinç... Pirinç, insanların en fazla tükettiği tahıldır. Yaklaşık iki bin çeşidi vardır. Neolitik dönem insanları on bin yıl önce pirinç yetiştiriyormuş, biliyor musunuz?

Avrupa'da pirinç yetiştirmeye Araplar, 15. yüzyılda İspanya'da başlamışlar. Pirinç asıl tropikal bölgelerde yetişir. Bu nedenle Asya'da her gün yenir. Ama 16. yüzyıldan bu yana Afrika'da da bolca tüketilmektedir.

Hatta Senegal'in temel besin maddesi haline gelmiştir. Afrika'nın birçok yoksul ülkesinde pirinç tüketilen tek besindir. Çoğu zaman hükümetler veya uluslararası özel örgütler tarafından halkın ihtiyaçlarını karşılamak amacıyla ithal edilir. Afrika'da, Özbekistan'da ya da İran'da pirinç elle yenir. Uzakdoğu'da çubuklarla, Batı'da ise çatalla veya kaşıkla yenir.

Dikkat! Bir Asya restoranında yemek yerken, çubuklarınızı pirinç kâsesine dikmek nezaketsizlik örneğidir: Asyalılara ölüleri anmak için yakılan ve küle saplanan tütsü çubuklarını hatırlatır.

Kim ki bu en küçük hayvan?

"Küçük olan her şey sevimlidir!" Özdeyiş biçimindeki bu düşünceye rağmen, küçük hayvanlar sürekli daha büyükler tarafından avlanma korkusu içinde yaşarlar. Ama küçük olmanın bazı avantajları da vardır: Mesela bayağı gelincik öyle zayıftır ki, fare deliklerine bile girip fare avlayabilir.

En küçük etçil olan maki maymunu ağaçların en ince dallarına asılabilir. Küba, ufak tefek hayvanların krallığı gibidir: Dünyanın en küçük kuşu olan Helen sinekkuşu (2 gramdan hafif), en küçük kurbağa (1 santim) ve en küçük yarasa (15 santim çapında) burada yaşar.

En küçük deniz memelisini de sayabiliriz: Alaca yunus 1,20 metre uzunluğundadır; midilli soyundan gelen en küçük at, bir çoban köpeğinden daha iri değildir. Liste bu şekilde uzayıp gider, ne de olsa doğa zıtlıkların bütünüdür.

Küçüklük şampiyonları elbette çıplak gözle görülemeyen hayvanlardadır: Örneğin *Stigmella ridiculosa* türü sinek 0,02 milimetredir ve yumurtalarını daha büyük böceklerin yumurtaları içine bırakır. Böylece yavrular sıcacık bir ortamda, kim olduklarını bilmeden büyürler. Rekor ise tekhücrelilerdedir, adı üzerinde tek hücreden oluşurlar ve bu cümlenin sonundaki şu nokta kadar görünebilmeleri için 10 bin kez büyütülmeleri gerekir.

Füzeleri kim icat etti?

Alman mühendis Wernher von Braun, 1942 yılında, İkinci Dünya Savaşı (1939-1945) sırasında icat etti. O dönemde bu füzeler V2 olarak adlandırılan, uçan bombalardı. Almanların fırlattığı ilk V2, 8 Eylül 1944'te Belçika'dan havalandı. Saniyede 1.700 metre süratle fırlatan tepkimeli motoru sayesinde beş dakika sonra Paris'in banliyösüne düştü ve otuz kişiyi öldürdü.

Tepkimeli motorun ilkesi basittir: Bir balonu şişirip ağzını bağlarsak, ağzını açtığımızda hava kaçırır. Aynı zamanda balonu diğer yöne doğru hareket ettirir. Tepkime budur.

Bir füzeyi çalıştırabilmek için iki ayrı depo gerekir. İlkinde (sıvı hidrojenden oluşan) hidrojenli karbon, ikincisinde (sıvı oksijenden oluşan) yakıcı bileşik bulunur. Hidrojenli karbon, yakıcı denen başka bir maddeyle karıştırıldığında yanar. Pompalar sayesinde hidrojen ve oksijen bir kapta toplanır.

İki madde karşılaştığında hidrojen yanar ve çıkardığı gaz borulardan dışarı çıkar. Devindirici etki böylece verilmiş olur. Bütün füzeler ve modern uçaklar bu ilkeye göre işler. İkinci Dünya Savaşı'nın sonunda Alman mühendis Wernher von Braun, Amerika Birleşik Devletleri'ne gidip buluşunu orada yetkinleştirdi. Uzayı fetheden füzeler de böyle doğdu.

Kimin milliyeti yoktur?

Dünyanın bütün ülkelerinde vatandaşlık hakkı iki ilkeye göre edinilir: Toprak hakkı (bebek, doğduğu ülkenin vatandaşıdır) ve kan hakkı (bebek, anne babasının vatandaşlığını alır). Bu koşullarda bir milletten olmamak nasıl mümkün olabilir?

Dünyada milyonlarca erkek, kadın ve çocuğun milliyeti yoktur. Bu kişiler oy verme, iş bulma ve serbest dolaşım gibi vatandaşlığın sağladığı temel haklardan yoksundurlar.

Kimi zaman bazı insanlar kendi anavatanlarındaki yönetimin politikası karşısında hoşnutsuzluklarını belirtmek için vatandaşlıklarını kendileri reddederler. Ama çoğunlukla milliyetsiz olma durumu tercihe bağlı değildir.

Kadınların erkeklerle eşit haklara sahip olmadığı kimi ülkelerde boşanmak, kadınları nüfus cüzdanlarından ve vatandaşlıklarından otomatik olarak yoksun bırakır. Bazı devletler de ayrımcılık yapmakta ve bazı etnik grupları tüm haklara sahip yurttaşlar olarak kabul etmeyi reddetmektedir (örneğin bazı Doğu Avrupa ülkelerinde, "gezgin insanlar" denen göçebe Çingene halkı bu konumdadır).

Yine de, milliyetsiz kişiler 1954 tarihli uluslararası bir sözleşmeyle korunmaktadır. Bu sözleşmeyi imzalamış ülkelerde milliyetsizlere mültecilerle aynı haklar tanınır.

Akşamları üç ayağı üzerinde yürüyen kimdir?

"Sabahları dört, öğlen iki, akşam ise üç ayağı üzerinde yürüyen kimdir?" İşte size binlerce yıllık kutsal bir bilmece... Aman dikkat, Yunan mitolojisine göre bu bilmece gülmemiz için değil. Thebai şehrinin girişindeki bir kayanın üzerine tünemiş duran Sfenks adlı bir canavar tarafından sorulmakta çünkü.

Üstelik aslan vücutlu, kadın başlı, gövdesi iki küçük kanatla süslü ve ejderha kuyruklu bu tuhaf hayvan eğlenceli ve matrak olmaktan çok uzak. Yanıtı bilemeyenleri sorgusuz sualsiz, çiğ çiğ yemekte!..

Thebai'nin kapısında durdurulan zavallı yolcuların hepsi birbiri ardına öldürülmekteydi. Ta ki bir gün, Yunan mitolojisinin ünlü kahramanı Kral Oidipus yanıtı bulana dek: "İnsan!" cevabını verdi Kral, hiç tereddüt etmeden. "Bebekken dört ayak üzerinde yürür, yaşamının öğle vaktinde iki ayağı üzerinde dikilir, ömrünün akşamında ise bir baston yardımıyla zar zor yürür!"

Oidipus tarafından yenilen canavar kayasını sonsuza dek terk etti. Bundan böyle, karmaşık bir bilmeceyle karşılaştığınızda dilinizi Sfenks'e kaptırmaktan korkmanıza gerek yok; çözümü aramaktan vazgeçin, yeter.

Ay'ın üzerinde Kim yürüdü?

"Houston, burası Huzur Üssü. Kartal indi." Bilimsellikten uzak duran bu şiirsel iki cümle Amerikalı astronot Neil Armstrong tarafından söylendi. 20 Temmuz 1969'da, Türkiye saatiyle 22.17'de, uzay gemisi "Apollo 11" Ay'a inmişti. Altı saat sonra Armstrong sol ayağıyla Ay'a basmış, bir milyar televizyon seyircisi olayı küçük ekranlarının karşısında, eş zamanlı bir şekilde izlemişti.

"İnsan için küçük, insanlık için büyük bir adım!" Ertesi gün bütün gazetelerin manşetine taşınan bu cümleyi Armstrong, Dünya'dan ayrılmadan önce hazırlamıştı. Çünkü Ay'ın üzerinde yürüyerek insanlığın en değerli düşlerinden birini gerçekleştireceğini biliyordu.

Jules Verne'in "Dünya'dan Ay'a"sı, H.G. Wells'in "Ay'da İlk İnsanlar"ı... 19. yüzyılda yaşayanlar gerçekten de hayallerinde Ay'ı fethetmişlerdi. Sinema da, doğuşuyla birlikte, 20. yüzyıl başında Ay'ın fethine çıktı. Özellikle Georges Mélliès'in "Ay'a Yolculuk"u ve Fritz Lang'ın "Ay'daki Kadın"ı bu uyduyla ilgili önemli filmlerdendir.

Uzayın fethine çıkmak, Ay'da yerçekiminden kurtularak sıçramak, Dünya'nın aydınlığının mavimtırak parıltısını seyretmek, güzel bir düşün yaşanmış hikâyesidir.

En iyi dostun kim?

Eski Çin kültüründeki portre çıkarma oyununda "en iyi dost", sadakatinden dolayı köpek, ağırbaşlılığından dolayı kedi ve yanımıza gelmek için hızla uçtuğundan kuştur. Dostlarımızın en iyisi her şeyi anlatabileceğimiz, aramızda hiç (ya da; hemen hemen hiç) sırrın olmadığı, birlikteyken sıkılmadığımız, tatile çıktığı gün özlemeye başladığımız ve kalbimizden taşınma hakkı olmayandır; o giderse bir daha kendimize gelemeyebiliriz.

Ama bazen en iyi dostumuzun yerini bir başkası alıverir. Çünkü en iyi dostlar da âşıklar gibidir: gönül işleri bir gün de sürebilir; bir ay, bir yıl, bir ömür boyu da!..

En iyi dostu tanımlayacak kurallar yoktur. Hatta kimi zaman şaşırtıcı biçimler alabilir: Tüylü, kanatlı, miyavlayan ya da havlayan ev hayvanları genellikle sahiplerinin kalbinde yeri doldurulmaz sadık dostlar sınıfına girerler.

Alıştığımız dostlarımızdan uzakta geçirdiğimiz bir hafta sonu ya da bir yaz tatili boyunca, dost bulmak güç olduğunda, kendimize hayali bir dost icat ettiğimiz de olur. Bize her yerde, uyanıkken gördüğümüz düşlerde bile eşlik eder. Bazı dönemlerde en iyi dostumuzun kendimiz olduğuna karar vermemiz de mümkündür. Nasıl, tanıdık geldi mi?

Tarihin akışını kim değiştirebilir?

"Dünyanın bir ucundaki kelebeğin kanat çırpışı diğer ucunda fırtına çıkmasına neden olabilir."

"Kelebek etkisi" metaforu şu basit fikri açıklamakta kullanılır: Önemsiz bile olsa en ufak hareketimiz evrende etkili olabilir ve tarihin akışını değiştirebilir!

İnsanlık tarihi her dönemde bilinmeyen ya da tanınan erkek ve kadınların cömert, kahramanca, yaratıcı ya da tam tersine; adaletsiz, şiddetli ve barbar eylemleriyle kuşaktan kuşağa inşa edilir.

O halde kendimize şunu sorabiliriz: Kristof Kolomb 1492 yılında Hint toprağına ayak bastığını sanarak bugünkü Amerika'yı keşfetmemiş olsaydı Amerika'nın tarihi yine aynı mı olurdu? Hitler olmasaydı İkinci Dünya Savaşı'ndan kaçınılabilir miydi? Nelson Mandela'nın ve daha az bilinen çok sayıda başka direnişçinin yürekli mücadelesi olmasaydı *apartheid*, yani Güney Afrika'daki siyahlara karşı ayrımcılık uygulayan rejim hâlâ varlığını sürdürüyor mu olurdu?.. Bir düşünün...

Kim uykusunda gezer?

Belki de siz!
Özelikle yedi ila on bir yaşları arasında bir oğlan çocuğuysanız; çünkü kızlar ender olarak uyurgezer olur. Uyurgezer oğlanların gezintilerine ortalama ayda bir kez rastlanır.

Gecenin bir vakti yatağınızda dikilirsiniz, kimi zaman da ayağa kalkarsınız. Gözleriniz açıktır ve yürürsünüz, ama kollarınızı ileri doğru uzatmazsınız. Mutfağa girersiniz, buzdolabından bir şeyler yer, sonra geri dönüp yatağınıza girersiniz.

Ertesi sabah hiçbir şey hatırlamazsınız. Çikolatayı kimin yediğini de kimse bilmez. Bütün bunlar çok ciddi meseleler değildir. Tabii eğer atlama niyetiyle pencereyi açmamışsanız! Böyle zamanlarda yavaşça uyandırılmanız gerekir, çünkü tepkileriniz şiddetli olabilir. Sizi uyandırmadan tekrar yatmanız söylenirse, söyleneni işitir ve bu komuta itaat edersiniz.

Uyurgezerliğin nedenleri genetik olabilir, ama genellikle stres, uykusuzluk ve akşam yapılan spor bu krize yol açabilir. İki türlü tedavi mümkündür: Ya stres ortadan kaldırılıp düzenli vakitlerde yatılmalı ya da ilaç kullanılmalıdır. Ama ilaç zamanla etkisini yitirecektir çünkü vücut ilaca bağışıklık kazanacaktır.

Çocuklardaki uyurgezerlik genellikle ergenlikle birlikte yok olur. Bu sebeple geceleyin buzdolabını boşaltmanın da belli bir yaşa kadar affedilir yanı vardır.

Kim yasaların üstündedir?

Öyle bir ülke hayal edin ki, bazıları mağazalardan bedava alışveriş yaparken, diğerleri para ödemek zorunda. Kimileri kırmızı ışıkta durmazken, kimileriyse vergi ödemekten muaf...

Kanun önünde herkes eşittir! Demokraside yasa herkes için aynıdır: Bütün yurttaşların aynı hak ve görevleri vardır. Çünkü yasalar her bireyin azami özgürlüğünü, huzurunu ve güvenliğini sağlamak için konur.

Bu, adaletsizliğin ve keyfiyetin kendi yasalarını dayattığı bir devlet düzenidir. Ali hırsızlık yapar ya da Ayşe'ye saldırırsa, ister öğretmen olsun ister bir şarkıcı veya politikacı herkesle aynı cezaya çarptırılmalıdır!

Yine de, bazı politikacıların yasanın uygulanması karşısında diğer bireylerden farklı hakları bulunur. Bu durum ilk bakışta adaletsiz görünebilir. Bu statüye "parlamenter dokunulmazlık" denir: Yasama dokunulmazlığı politikacıları seçildikleri dönemde (devletin buyruğunda çalıştıkları süre boyunca) adli kovuşturmadan ve bazı suçlar karşısında hapis cezasından korur.

Ama bu dokunulmazlık, yalnızca politikacıların işlerini serinkanlılıkla yapmalarını sağlar, onları tam anlamıyla dokunulmaz kılmaz. Görevleri bittiğinde, yasanın önünde yeniden diğer yurttaşlarla eşittirler!

Kocaayak Kimdir?

Nepalliler, Himalaya dağlarında yaşayan tüylü bir devden söz ederler. Ona "Karların Ürkünç İnsanı" derler. Peki, bu kişiyi gören olmuş mudur? Hayır. Ama 1951 yılında, dağcı Eric Shipton, Everest Dağı'nın karları içinde kocaman bir ayak izini fotoğrafladı. Kimin ayak iziydi bu? "Efsanevi Kocaayak'ın elbette!" der Shipton'un Nepalli hamalları.

Efsanelere inanmayan araştırmacılar önce bunun *"gigantopithecus"* adını verdikleri bir Hint maymunu olduğunu düşündüler. İşin garibi, üç metre boyundaki bu hayvanın on iki bin yıl önce neslinin tükenmiş olmasıydı.

Peki, Kocaayak gerçekte var mı yok mu? En olası açıklamaya göre, kardaki bu izler turistleri dünyanın en yoksul ülkelerinden biri olan Nepal'e çekmek için yapılmıştı.

Aynı hikâye Amerika Birleşik Devletleri'nde, Kaliforniya'da da yaşandı. *"Bigfoot"* adı verilen dev ayak izleri keşfedildi. Bu bir efsane ya da bir şaka olabilir, ama bugün bile birçok dükkân bu rivayeti sürdürüp dev ayağın fotoğraflarını ve kalıplarını satmaktadır.

Seyahat Acentesi

Kurşunu altına kim dönüştürür?

Uzun yıllar boyunca simyacılar bu başarının peşinde koştular. Yaşamın sırrını keşfetmeyi de onlar denemişti. Çin'de, MÖ 4. yüzyılda, insanlar ölümsüzlük sırrının peşindeydiler. Bu sırrı keşfedebilmek için Hint'e, Mısır'a ve Keltler'e gittiler. Daha sonra, Ortaçağ Avrupa'sında simya Arapça metinlerin çevirisi sayesinde gelişti.

Çoğu zaman deli kabul edilen bu simyacılar, felsefe taşı adını verdikleri bir madde imal etmeyi hayal ediyorlardı. Asla var olmamış bu madde bütün hastalıkları iyileştirecek ve içeni ölümsüz kılacaktı. Üstelik bu ünlü felsefe taşı kurşunu da altına dönüştürebilecekti.

Ama simya, yalnızca bir ölümsüzlük iksiri bulma ve bir madeni dönüştürme arzusuyla sınırlı değildi. İnsan ruhunu değiştirmek de amaçlanıyordu. Simyacı, araştırmaları sayesinde ruhunu yüceltmeye, arındırmaya çalışıyordu.

Ama kimya yoluyla herhangi bir madeni altına dönüştürmek imkânsızdır! Ancak bir nükleer santral reaktörünü kullanarak bu yapılabilir. Ancak bu işlemin maliyeti elde edilecek altından çok daha değerli olduğundan bu yöntem hiçbir işe yaramaz. Altın arayıcılarını hâlâ güzel ve bir o kadar belirsiz bir gelecek bekliyor.

Kimler aşkı kendinde bulur?

Yunan mitolojisinde “Narcissus” isimli, son derece yakışıklı, aklı fikri avlanmak olan genç bir adam vardır. Günün birinde peri kızı Ekho yakışıklı avcıya âşık olur, ama Narcissus peri kızını reddeder. Kalbi kırılan Ekho bir ormana sığınır ve bedeni oracıkta yok olur. Ekho’nun geriye yalnızca sesi kalır ve duyduğu her şeyi tekrarlamayı iş edinir.

Narcissus kendisine âşık olan herkesi yanından uzaklaştırmaya devam ettiğinden, biri gidip intikam tanrıçası Nemesis’e onu şikâyet eder ve bunun üzerine Nemesis, Narcissus’a büyü yapar.

Genç adam, bir gün avlanırken, susuzluğunu gidermek üzere bir su kaynağına eğilir. Suda kendi yansısını gören adam yıldırım aşkına tutulur. Ve kendi yansımasına sarılamadığından umutsuzluk içinde ölür. Cesedinin bulunduğu yerde bir çiçek biter. Bu çiçeğe Narcissus cinsinden bitki türlerinin ortak adı olan nergis denir.

Günümüzde kendi benliğine bağlanan, hayran olan kimselere narsist denmektedir. Narsist biri, tüm vaktini mitolojik kahramanımız gibi kendi yansısını seyretmekle ve kendini beğenmekle geçirebilir.

Pateni kim icat etti?

John Joseph Merlin adlı bir Belçikalı. 1735 yılında, Londra'daki bir maskeli baloya tek sıra tekerlekli patenleriyle gitti. Bir iki cambazlık yaptı, sonra büyük bir aynaya çarpıp aynayı tuzla buz etti! Fren sistemini unutmuştu...

Fransız Petibled de patenle ilgili kafa yoranlardan biriydi. Arkalarında fren görevi gören bir vidayla tek sıra tekerlekli patenlerin 1819 yılında patentini almıştı. Tekerlekler tahtadan, metalden ya da zengin patenciler için fildişindendi. Paten moda olup yaygınlaştı ama kalıcı olamadı: Kaldırımlar yeterince düz ve kaygan olmadığı için patenleri kullanmak kolay değildi.

Amerikalı James Leonard Plimpton çözümü buldu. 1828 yılında dingillerin üzerine ikişer ikişer monte edilmiş tahta tekerlekli patenler icat etti. Plimpton iyi bir tüccardı: Patenlerini satmak yerine, onları kendi yaptığı paten kayma alanlarında kiralıyordu. Bu gerçek bir başarıya dönüşünce tek sıra tekerlekli patenlerden vazgeçilip çift tekerleklilere geçildi.

Bir diğer Amerikalı Scot Olson da tek sıra tekerlekli patenleri modern malzemelerle 1979'da yeniden üretti. Olson, buz hokeyi oyuncusuydu. Yazın güneşin altında antrenman yapabilmek için patenlerinin buza temas eden keskin ucu yerine tekerlek koymaya karar verdi. Olson, *Rollerblade* adını verdiği bir şirket kurdu ve milyarder oldu.

Altın oranı Kim buldu?

Altın yumurtlayan tavuk mu? Altın oran, matematikte ve fiziksel evrende ezelden beri var olmasına rağmen, insanlar tarafından ne zaman keşfedildiğine ve kullanılmaya başlandığına dair kesin bir bilgi mevcut değildir. Tarih boyunca birçok defa yeniden keşfedilmiş olma olasılığı kuvvetlidir.

1,618034'e denk gelen bu oran 5 bin yıl kadar önce Mısırlılar tarafından kullanılmış, Antik Yunanlı filozof ve matematikçi Pisagor tarafından tekrar ele alınmıştır.

Ortaçağda lonca ustaları, duvarcılar, marangozlar ve gezgin camcılar altın oranı mimari becerilerinin temeli olarak görmüş, eserlerinde altın oranı kullanmışlardır.

Doğanın basit bir tesadüfü mü, yoksa büyüye yakın bir matematiksel mucize mi? Bu tartışma yüzyıllardır sürmektedir. Ve matematiksel zaferin doruğu olmuştur.

Altın oranı Keops piramidinin, çok sayıda şatonun, Tac Mahal sarayının inşaatında; müzik bestelerinde; çok sayıda tabloda bulunur... Ama daha şaşırtıcı olan ve kesin bir bilimsel açıklama getirilemeyen durum ağaç yapraklarının düzeninde, papatyanın yapraklarının sıralanışında, hatta insan vücudunun çeşitli kısımlarının göbekle mesafesinde de bu orana rastlanılmasıdır.

Kim bir ay boyunca su içmeden yaşayabilir?

Sen değil elbette.
Her insan gibi,
sen de üç günden fazla
susuz kalamazsın.
Hayvanlar da öyle.
İçlerinden biri hariç.

Nasıl salyangoz evini sırtında taşıyorsa, deve de hörgücünde yiyecek ve su yedeği taşır. Çölün kurak ve sonsuz düzlüklerine haftalarca dayanabilmek için bu birikimi yavaş yavaş kullanır.

Devenin organizması en sert iklim koşullarına dayanabilecek niteliktedir. Deve susuzluk çekmeye başladığında, biyolojik bir işaret su tasarrufunun bütün mekanizmalarını beyninde çalıştırır: terlemeyi durdurur, beden ısısını düşürür, idrarı çok konsantredir, mümkün olduğunca az sıvı kaçırmak için tezeği bile kurudur... İsrafa karşı son derece yetkin, gerçek bir sistem!

Kötü karakterinden dolayı deveden şikayet etmek gelenek olmuşsa da, kurak iklimli ülke insanları, örneğin Tuareg göçebeleri ya da efsanevi İpek Yolu'nun Çinli tacirleri deveyi yüzyıllar boyunca sadık yol arkadaşları yapmışlar, dayanıklılığı ve cesaretinden dolayı sevip saymışlardır. Eski bir Afrika atasözü buna kanıttır: "Kervana rehberlik eden deve gibi, sen de kendi önünde yürü!"

Tavuk mu yumurtadan, yumurta mı tavuktan çıktı? önce kim?

Tavuk elbette. Çünkü yumurta olması için bir tavuk şarttır. Öff! Tavuk da mecburen yumurtadan doğar. O halde ilk önce yumurta vardır. Evet, ama ilk tavuğun çıktığı bu yumurtayı kim yumurtladı? Horoz değil! Bir başka tavuk, mecburen.

Bu diyalog bir paradoksa benzer. Çelişkili bir akıl yürütmedir. Ya da kısırdöngü yaratıp içinden çıkılamayan bir hikâyeye dönüşür. Bir yumurtaya yakından bakalım (kırmadan ama!): Yumurta, kireçli bir kılıftır ve içinde de müstakbel embriyon bulunur.

İlk kuşlar ve ilk tavuktan çok önce bazı dinozorlar yumurtluyordu. Demek ki ilk önce yumurta ortaya çıkmıştır. İyi de, bu da bir hile! Dinozor tavuğa benzemez ki... Kocaman bir tavuğa bile benzemez. O halde sorumu tekrar soruyorum: İlk kim çıktı? Tavuk yumurtası mı, tavuk mu?

Şey... Yanıtı basit aslında. Bazı sürüngenler ve kurbağagiller bir yana, kireç kabuklu yumurtaların hepsi dişi kuşlar tarafından yumurtlanmıştır. "Tavuğa benzer" olmak için binlerce yıl boyunca yavaş yavaş evrim göstermiş bir kuş türünü ele alalım. Günün birinde bu tavuğa benzer hanımefendi bir yumurta yumurtlar ve yumurtadan % 100 orijinal bir tavuk doğar. Yumurta tavuktan önce gelmiştir, ilk o ortaya çıkmıştır. Gıt-gıt-gıdaaak!

Kim başkalarından korkar?

"Okul çıkışında insanların peşinden gitme!" "Tanımadıklarına güvenme!" "Arkadaşlarını iyi seç!" Genellikle yetişkinler çocuklara tanımadıkları kişiler karşısında takınılması gereken tavra ilişkin sayısız öğüt ve uyarıda bulunurlar.

Bu zorunlu sakınma hali sistematik bir güvensizliğe dönüşmemelidir. Yoksa, insanlarla ilişkimizi tehlikeli biçimde karıştırabilir!

"Büyük kötü kurtlar" ve kötü kalpli insanlar her köşe başına gizlenmiş değildirler. Her şeyden ve herkesten korka korka, sonunda tesadüfen karşılaşılan yabancıların bir gülümsemesine ya da nazik bir sözcüğüne karşılık vermeye cesaret edemez oluruz. Oysa gündelik yaşamın bu küçük jestleri yaşamı daha hoş kılmaktadır.

Fakat başkalarından korkmamıza yol açan şey her zaman duyduğumuz kuşku değildir. Her yaştan çekingenler, bu durumu iyi bilir ve kendilerini belli eder. Kızarırlar, kekelerler ve ne yapacaklarını bilemezler. Onları ilginç mi bulacağız, sevimli mi, yoksa gülünç mü?

Kalp çarpıntısına ve soğuk terlere yol açan; herkesin içine çıkmaktansa bir fare deliğine saklanma arzusu uyandıran bu başkalarının bakışı karşısındaki korku, gerçekte kendinden, "yetenekli olamamaktan" korkmaktır. Başkalarının yargısı karşısındaki bu korkudan kurtulmanın tek yolu vardır: Kendine değer vermeyi ve kendini olduğu gibi kabul etmeyi öğrenmek!

Gir içeri, seni yiyeceğiz!

Kartpostalı Kim icat etti?

1889 yılındaki açılışı sırasında, üzerinde bir çiziminin bulunduğu bir yapının kartpostalı 300 bin adet basıldı. O zamandan beri dünyada bu kartpostalın satış rekoru kırılamamıştır. Peki bu yapı neydi? Eyfel Kulesi.

Ama kartpostal nerede, ne zaman ve kim tarafından icat edildi? Nerede: Avusturya, Viyana'da. Ne zaman: 1865 yılında. Kimin tarafından: Alman İmparatorluğu'nun posta işleri sorumlusu. Fakat projesi yönetim tarafından reddedilir. Dört yıl sonra, bir ekonomi profesörü bu fikri yeniden ortaya atarak pul satışının devlete çok para getirebileceğini ileri sürer.

Çok kısa zamanda resimli kartpostallar yaygınlaşır, artık mektup kâğıdına ve zarfa gerek kalmamıştır. Dünyada fotoğraflı ilk kartpostallar 1891 tarihlidir. Bunları bir Marsilyalı olan Dominique Piazza basmıştır. Belediye binası, liman gibi kendi şehrinden manzaralar bu kartpostalları süslemiştir.

1918 yılında yalnızca Fransa'da 800 milyon adet fotoğraflı kartpostal satılmıştır. Günümüzde dünyada kaç tane kartpostal basılıp postalanmaktadır? Buna cevap vermeye imkân yok. Ama kesin olan bir şey var ki neredeyse hepimiz en azından hayatında bir defa bir kartona "Sevgili anneciğim, sevgili babacığım; hava güzel, ben çok eğleniyorum, size kocaman bir öpücük gönderiyorum!" benzeri notlar yazmıştır.

Kimin birden çok dili var?

Ne bir deniz canavarı ne çok eski bir dinozor ne de mitolojik bir yaratık; yalnızca çok dilli biri! Aslında o da sizin, benim gibi biri. Ama onun yeteneği birden çok dili akıcı bir şekilde konuşabilmesi.

Eğer iki dil konuşuyorsanız iki dillisinizdir, üç ve üçten fazlaysa çok dilli sayılırsınız. Altı ve üzeri dile hakimseniz rekorlar kitabına girme ihtimaliniz de olur, tabii...

Örneğin Liberyalı Ziad Fazah, yaşayan dilleri bilen çok dilliler arasında rekoru elinde tutmaktadır: 62! Hong-Kong valisi İngiliz John Bowring (1792-1872) ise yaklaşık 200 dili anlıyor ve 100 kadarını da konuşuyordu. İngilizce, Rusça ya da Japoncada üç cümleyi düzgün bir şekilde bir araya getirmekte zorlananları kıskandıracak bir durum!

Kim çıngıraklı topla oynar?

Futbol topunu, basket ve voleybol topunu hepimiz biliriz. Peki ya çıngıraklı top? Bu sesli top uluslararası şampiyonaları olan bir sporun temelidir: Tor-ball.

Bu spor İkinci Dünya Savaşı'ndan sonra kör Alman vatandaşlar tarafından, görmeyenler ve iyi göremeyenler için icat edilmiştir. Oyuncular üç kategoriye ayrılmaktadır: körler, yalnızca ışığı algılayabilenler ve nesneleri kısmen fark edenler.

Görme duyusunu yitiren biri için tor-ball bu yeni engelini aşmasında yardımcıdır. Kişi çanların çıkardığı ses sayesinde topun yerini saptayarak mekân içinde kendini konumlandırmayı öğrenir. Oyuncular ışık geçirmez siyah gözlükler taktıkları için, engellilik dereceleri ne olursa olsun, eşit koşullarda oynarlar. Gözleri görenler de tor-ball oynayarak, dostluk turnuvalarına katılabilirler.

Yine de görenler tor-ball sahasında çok başarılı olamazlar. Bu spor karanlıkta kendini konumlandırmak için çok güvenilir bir yön duygusu, topun yer değiştirmesini dinleyerek takip edebilmek için gelişmiş bir işitme duyusu ve çok hızlı refleksler gerektirir.

Zaman makinesini ilk kim hayal etti?

Zamanda geçmişe gidip sizinle aynı yaşta olan büyükannenizle saklambaç oynadığınızı hayal edebilir misiniz?

Zamanda yolculuk fikri ilk kez yazar H.G. Wells tarafından 1895 yılında ortaya atıldı: 19. yüzyılda, bir İngiliz bilim insanı zamanda yolculuk etmek için bir makine icat eder ve geleceğe doğru yola çıkar. İnsanların, açık havada ve toprağın altında yaşayan iki düşman kabileye ayrıldığı bir döneme varır. Yamyam yeraltı halkı makinesini çalınca, kendi zamanına dönebilmek için yaşamını tehlikeye atar.

Günümüzde Einstein'ın keşifleri sayesinde zaman içinde yolculuk mümkün görünmemektedir. Modern fizikçilere göre ise zamanda yolculuk etmek, günün birinde mümkün olabilir. Bunun için bizim bugünkü füzelerimizden çok bilimkurgu filmlerindekilere benzer tuhaf yollar gerekecektir. Fizikçiler "kozmik halatlar"dan ve "zaman tünelleri"nden söz etseler bile bu tür yolculukları gerçekleştirecek teknolojik yolları henüz bulamadılar!

Kim bilir, belki bir gün hızlı trene biner gibi, Bay H.G. Wells'in evine gidip bir çayını içer, hayalinin gerçekleştiğini ona söyleyebiliriz.

Kim hem erkek hem de dişidir?

Kimse mi? Yanlış cevap. Bazı canlılar aynı anda iki cinsiyete birden sahip olabilir. Bu canlılara hermafrodit denir. Bu tuhaf sözcük de nereden çıktı diye düşünüyorsanız: Tanrı Hermes ile Tanrıça Afrodit'in bir oğulları olur, ona Hermafrodit adını verirler. Bir kaynak tanrıçası da ona âşık olur. Ama Hermafrodit aşığını reddedince tanrıça ona büyü yapar, böylece Hermafrodit hem erkek hem kadın olur!

Hermafrodit olmak aynı anda iki cinsiyete birden sahip olmaktır. Hayvanlar arasında bazı toprak kurtları tek başlarına üreyebilir, ama salyangozlar iki tane olmak zorundadır. Erkek üreme hücresi olan sperm alışverişinde bulunup çiftleşince bir yumurtacık üretirler ve on gün sonra her iki salyangoz da yumurtlar.

Bazı bitkiler de hermafrodittir. Mısır hem erkek hem dişi organ taşır. Çiçek (erkek organ) gövdenin tepesindedir. Rüzgâr çiçeğin polenlerini uçurur, bunlar da gelip ortada bulunan başağın (dişi organ) ucuna konar. Böylece mısır kendisini dölleyebildiği gibi, komşu bitkinin başağını da dölleyebilir.

Bitkiler yaşamları boyunca cinsiyet değiştirmez. Bazı hayvanlarsa değiştirir! İstiridye önce bir beyefendiyken sonra hanımefendi olur, tıpkı orfozlar gibi. Neden? Hiçbir fikrimiz yok, ama bu durumun onlara kıyafet sorunu yaratmadığı kesin.

Kim okuryazar değildir?

15 yaşın üzerinde, okuma yazmayı bilmeyen birine okuryazar diyemeyiz. Eğitimsiz biri okumanın temellerini öğrenmiş olabilir, ama bir gazete makalesini veya bir kullanım kılavuzunu anlayabilecek kadar dile hakim değildir. Afrika ve Hindistan'da olduğu gibi, yeryüzünün bazı bölgelerindeki çok büyük sefalet nedeniyle ya da eğitim kurumlarının ciddi oranda eksikliği yüzünden dünyadaki her dört kişiden biri okuryazar değildir.

Okulun 19. yüzyıl sonlarından beri parasız ve zorunlu olduğu sanayileşmiş ülkelerde okuryazar olmayanların sayısı giderek azalmaktadır, ama eğitimsiz yetişkinlerin sayısı hâlâ kaygı vericidir.

Neyse ki okuryazar olmayan eğitimsiz yetişkinler için de sınıflar vardır. Buralarda okuma ve yazma dersleri verilir; ne de olsa öğrenmenin yaşı yoktur. Gelişmekte olan ülkelerde ise Unicef ve Unesco gibi büyük uluslararası örgütler eğitim için imkân sağlamaya çalışmaktalardır.

Çünkü okumayı ve yazmayı bilmek, öncelikle bir birey olarak toplumda kendini ifade etme imkânı bulmaktır; daha nitelikli bir işte çalışabilmek, gazeteleri okuyabilmek ve böylece dünyada olup bitenleri anlamak, yazarak kendini ifade etmek ya da bir romanın veya çizgi romanın içine keyifle gömülebilmektir!

Size en çok kim benzeyebilir?

Klonlama mümkün olsaydı, sizden bir tane daha olabilirdi. Klonlama, canlı bir varlıktan aynı kromozomlara sahip bir başka canlı varlık elde etmeyi sağlayan, biyolojik bir manipülasyondur. Gerçek ikizlerin klon oldukları sıklıkla söylenir. İkizler genetik olarak birbirlerine benzerler çünkü aynı anne babadan doğmuşlardır. Ama bir klonun anne babası yoktur.

Klonlama genellikle bahçıvanlıkta uygulanır: Toprağa bir bitki parçası dikilir; alındığı bitkiye benzer büyüyecektir. Hayvan klonlama da az çok başarılı şekilde uygulanmaktadır: 1952 yılında bir kurbağa ve 1996 yılında Dolly adı verilen bir koyun klonlanmıştır. Dolly 2003'te ölmüştür.

Bu deneylerin hedefi sonsuz miktarda kurbağa ya da koyun üretmek değil, klonlamanın mekanizmasını anlamaktır. Böylece organ naklinde gerekli olacak insan uzuvlarının -karaciğer, böbrek, hatta kalp- yapay olarak yaratılması amaçlanmaktadır.

Belki bir gün bir insanı klonlamak mümkün hale gelebilir. O dönem de ayrı bir risk taşıyacaktır. İnsan değerini kaybedebilir. Şimdilik ikizinizle idare etmeye bakın. O da mı yok? O zaman, matematik sınavlarına çalışmaya devam!..

Kar Kürelerini Kim icat etti?

Noel Baba'nın veya bir yelkenlinin üzerine kar yağdıran şu küçük küreleri görüp de sevmeyeniniz var mı? Kar küresi başlangıçta kâğıtların üzerine uçmasın diye konan bir ağırlık nesnesi olarak düşünülmüş cam bir küreydi. 1878 yılında, Paris Evrensel Sergisi için icat edilmişti.

Bu sergide birkaç Fransız cam ustası yaptıkları ağır cam küreleri sergilediler. İçleri su dolu bu kürelerde beyaz tozlar içinde, elinde şemsiye tutan biri vardı. Kar küresi bu şekilde doğmuştu.

1889 yılında, bir sonraki Evrensel Sergi sırasında Eyfel Kulesi açıldı. Bunun üzerine camcı ustalar içinde kule figürünün olduğu kar küreleri sattılar. Kar küresi Eyfel Kulesi'ni tanıtırken, kule de kar küresini tanıttı. O tarihten itibaren, Avrupa'nın birçok ülkesinde ve Amerika Birleşik Devletleri'nde bu küreler imal edildi. Kar kürelerinin plastikten yapılması için 1930 yılını beklemek gerekecekti. 1954'te de karın daha iyi görünmesi için gök mavisi bir fon oluşturuldu.

Bugünkü kar kürelerinin neredeyse hepsi Hong-Kong'ta imal edilmektedir. Kar görünümü için de kimi zaman payet kullanılmaktadır.

Kimin dili bir yavru filin ağırlığında?

Mavi balinanın! Bu deniz memelisi gelmiş geçmiş en ağır hayvandır. Uzunluğu 33 metreyi bulur. Yaklaşık 150 ton ağırlığındadır. Kalbi 500 kilo çeker (üç motosiklet); karaciğeri bir tondur (bir araba); dili ise 3 ton (bir yavru fil kadar).

Fin balinası olarak da bilinen mavi balina ortalama 80 yıl yaşar. Saatte 8 kilometre hızla yüzer ve soluk almadan suyun altında beş ila elli dakika arasında kalabilir. Tekrar suyun yüzeyine çıktığında, 6-9 metre arası yüksekliğe su fışkırtır.

Rakamlarla devam edelim mi? En sevdiği yemek, 6 milimetre uzunluğundaki ve 2 gram ağırlığındaki minnacık bir tür karides olan krildir. Dişleri sayesinde süzdüğü krilden günde 4 ton yiyebilir, bu da ortalama 2 milyon karides eder.

Günümüzde balinaların soyu hızla tükenmektedir. 1930 yılında, Fin balinalarının üçte ikisi yok olmuştu. 1946 yılında uluslararası bir balina komisyonu kurulmuş olsa da, mavi balina ancak yirmi yıl sonra koruma altına alınan bir tür oldu. Mavi balina avı yasadışıdır. Ancak Japonya, Rusya, Norveç, İzlanda ve Danimarka yaygın bir şekilde kaçak avlanmaya devam etmektedir. Biftek haline getirilen balina eti Japonlarca çok tüketilmektedir. Hatta okul kantinlerinde satılan hamburgerlerde bile balina etine rastlanır!

Kime inanmalı?

Genellikle anne babamıza, öğretmenlerimize, arkadaşlarımıza koşulsuz inanırız. Başlarından geçmiş bir olayı anlattıklarında, bize bir şey açıkladıklarında ve nasıl davranmamız gerektiğine dair öğütte bulunduklarında onlara inanırız.

Çoğu zaman belgesellerde gördüklerimize veya dergilerde okuduklarımıza da inanırız. Televizyon röportajlarında ya da radyoda duyduklarımıza da inanma eğilimi gösteririz. Çünkü yazarların ve gazetecilerin yalan söyleme alışkanlığı olmadığını ve söz ettikleri konuda bilgi sahibi olduklarını düşünürüz. Her zaman, her şeyden ve herkesten kuşku duymak sonunda insanı deli eder!

Yine de "eleştirel zekâ" denen küçük bir uyarı işaretini aklımızın bir köşesinde hep uyanık tutmak, her gördüğümüze ve işittiğimize inanmamak önemlidir. En ciddi yetişkinler bile kimi zaman yanılabilir; onlara bunu belirttiğinizde size öfkelenmemeleri gerekir. Gazete ve televizyon haberleri kimi zaman hileli olabilir; kitap ve gazeteler yanlışlıkla ya da bir bakış açısını savunmak için eksik, hatta yanlış bilgi verebilir.

Bu sebeple, rastgele her şeye inanmak yerine, mantığınız ile duygularınız arasında bir denge kurmaya çalışın.

Hayvanlara göre Kim Kutsal?

Tarihöncesi dönem insanları mağara duvarlarına birçok hayvan resmi çizmiştir. Bu hayvanları güçlükle yakalayabildikleri için onlara hayranlık duyuyor olabilirler miydi sizce? Bilinen en eski resimler 31 bin yıl önceye ait.

Eski Mısır'da her türlü hayvana tapılıyor ve bu canlılar tanrılarla bir tutuluyordu. Örneğin Tanrıça Bastet kedi görünümündeydi. Fareleri avlayan ve yılanları öldüren kedilere kötülük yapmak yasaktı.

Çin'de sazan balığı bolluk simgesidir. Yeni yıl kartlarında, üzerine bir çift çocuk binmiş olarak temsil edilir. Japonya'da 5 Mayıs'ta, Oğlan Çocukları Şenliği sırasında kutlanır. O gün uzun oltaların ucuna sazan balığı şeklinde uçurtmalar asılır.

Hindistan'da kutsal olan hayvan ise inektir. Sütü içilebilmekte veya sütünden tereyağı, peynir, yoğurt yapılabilmektedir. Öküz ise sabana koşulur.

Batı'da kedilere, sazan balıklarına ya da ineklere saygı göstermek için tapınaklar yoktur, ama köpekler, kediler, balıklar ve kuşlar sevilir. Fransa, 65 milyon ev hayvanıyla Avrupa'da rekora sahiptir. Bunun 8,5 milyonu köpek ve 10 milyonu kedidir. Hav havların ve miyav miyavların kutsal konseri eğlenceli olabilir! Peki ya, hayvanlara göre kim kutsaldır, işte o hâlâ merak konusu...

İlk elektronik postayı kim gönderdi?

Telefonda söylenen ilk cümlenin, 1876 yılında, mucidi Alexander Bell tarafından "Bay Watson, buraya gelin, size ihtiyacım var!" olduğu bilinmektedir. İlk elektronik postanın içeriği ise gizli bir şifreyi andırmaktadır: AZERTYUIOP! Yani bilgisayar klavyesindeki harflerin ilk sırası.

1972 yılında, Amerika Birleşik Devletleri'nde, bilgisayar mühendisi Ray Tomlinson tarafından icat edilen elektronik posta bir işletmedeki aynı ağa bağlı bilgisayarlar arasında mesajlaşmaya yaramaktaydı.

Telefon ağını kullanarak tüm dünyadaki bilgisayarları kendi aralarında birbirine bağlamayı sağlayan internetin İngiliz Tim Berners-Lee tarafından keşfi sayesinde 1990'lı yıllarda elektronik posta CERN'de (Avrupa Nükleer Araştırma Merkezi) çalışan bu araştırmacı, bilgisayarın, oluşturduğu ağ sayesinde bilim insanlarının özgürce, hızlı ve düşük bir bedel karşılığı haberleşmesini sağlayan devrimci bir alet oluğunu düşünür.

1990'lı yıllardan itibaren internet kullanımı yaygınlaşır ve insanlar evlerine bilgisayar almaya başlarlar. Elektronik posta, yavaş yavaş mektubun yerini alan bir iletişim aracı haline gelir.

İlk mangayı kim çizdi?

İlk Japon çizgi romanı 12. yüzyıl tarihlidir. Dört uzun kâğıt rulo üzerine, gezinen hayvanlar çizilmiştir. Bunlar sessiz hikâyelerdir ve La Fontaine'in masallarına benzerler.

Manga sözcüğü 19. yüzyılın ünlü oymacısı Hokusai tarafından bulunmuştur. Sanatçı eskizlerinde birbirleriyle hiçbir ilişkisi olmayan insan ve hayvan figürleri çizmişti. Bir gün bütün bu küçük desenleri yayımlamak istedi. Peki ne ad verecekti?

Çizim anlamına gelen "ga" sözcüğünü, amaçsız anlamına gelen "man" sözcüğüne ekledi. Böylece amaçsız bir çizim, bir taslak olan mangayı yaratmış oldu. Hokusai mangayla dolu on beş kitap yayımladı. Başlangıçta bunun çizgi romanla hiç alakası yoktu, çünkü bu çizimler bir hikâye anlatmıyordu.

1902 yılında ilk Japon çizgi romanı bir gazetede çıktı: "Tagosaku ile Mokube'nin Tokyo Yolculuğu." Rakuten Kitazawa'nın çizimleri tuhaftı. Hokusai'ninkilere benziyordu ama belli bir kurgusu vardı. İşte bu hikâyelerden bahsedilirken de oymacının uydurmuş olduğu sözcük kullanıldı: manga!

Kitapları kim yayımlıyor?

Güzel bir hikâye yazdınız, diyelim. Bunun bir kitap olması için metninizi bir yayıncıya göndermeniz gerekir. Beğendiği takdirde, kitabı yayınevi yayımlayacaktır. Ama önce metniniz profesyonel bir düzeltmen (editör) tarafından elden geçirilecek, bütün anlatım ve yazım yanlışları düzeltilecektir.

Bir görsel yönetmen de kitabın biçimini tasarlayacaktır: boyu, rengi, kullanılacak kâğıt, yazı karakteri vb. Kitap resimleyen birine veya bir fotoğrafçıya başvurulup kapak resmi için o kişiden çalışma istenecektir. Resim hazır olduğunda dijital ortama aktarılacaktır.

Kapak ve metin sayfa düzenine oturtulacak, sonra iş bir matbaaya gönderilecek, matbaa da kitabınızı uzunluğu 20 metreyi bulan makinelerle kocaman kâğıt rulolara basacaktır.

Tamam, kitabınız 3 bin adet basıldı. Şimdi satılması gerek! Yayımcı, satış temsilcilerinden kitabınızı kitapçılara tanıtmasını, basın görevlisinden de gazetecilere birer örnek göndermesini isteyecektir.

İnsanlar etkilenip kitabınızı satın alırsa, siz de belki zengin ve ünlü bir yazar olursunuz. Daha ne bekliyorsunuz? İçinde güzel bir hikâye bulunan şu kalın defteri nereye koymuştunuz? Hadi, hemen onu bir yayıncıya gönderin!

Uzayda kim yaşıyor?

Astronotlar!
Uzay boşluğuna çıkmadan önce astronot giysileri giyerler. Giysileri uzay aracına bağlıdır; soluk almak için gereken oksijeni bu şekilde sağlarlar çünkü uzayda oksijen yoktur. Peki bu boşlukta yaşam var mıdır?

Uzayda hüküm süren soğuk nedeniyle uzun süre yaşam olmadığı sanıldı. Ama araştırmacılar, yakın dönemde, radyoteleskoplar sayesinde, asılı vaziyette birkaç atom ve molekül (bir molekül birçok atomdan oluşur) buldular. Yine de, canlı cisimlere rastlanmadı çünkü kimyasal elementler üreyemez. Dolayısıyla, felç edici portakal rengi ışınlar saçan yeşil derili yaratıkları unutsanız iyi olur.

Dünya'dan başka bir gezegende yaşamın gelişebilmesi için dört element gereklidir: ilk ikisi bütün canlı organizmalarda bulunan karbon ve azottur. Diğerleri de hidrojen ve oksijendir. Hidrojenle oksijen birleştiğinde suya dönüşür. Karbon ve azot da dönüşüp üreyerek bizim bildiğimiz yaşamı yaratır.

Başımızın üstünde kim yürür?

Bilginler arasındaki adıyla *pediculus humanus capitis*, yani baş biti, böceklerin en sempatiği değildir elbette! Altı ayağının ucundaki kıskaçlarla saçlarımıza sarılırlar. 3 milimetrelik bu vampir bizi ısırarak kanımızla beslenir ve böylece kaşıntıya yol açar. Dişisi saçlı derimizin sıcağında ayda 300 yumurtaya (bit sirkesi) kadar yumurtlayabilir!

Biz biti sevmesek de, o bizden vazgeçemez! Çünkü bütün parazitler gibi, ancak başka bir canlı organizmanın üzerinde yaşayıp üreyebilmektedir. Başımızdan uzaklaşınca hızla ölür.

Tarihöncesinden bugüne zengin-fakir birçok erkek, kadın ve çocuğa bit bulaşmıştır.

19. yüzyılda, tıp hijyenin önemini keşfetmeye başladı: Sağlıklı kalabilmek ve hastalık taşıyıp taşımadıkları o dönemde bilinmeyen bu bitleri kovabilmek için yıkanmak gerekiyordu. "Bitli" kirli-pasaklının eşanlamlısı bir hakaret halini aldı.

Günümüzde bitlenmek utanç verici bir durum değildir çünkü temiz saçta da yayıldıkları bilinmektedir. Ama onlardan kurtulmanın yolu da bir sır sayılmaz: Saçları bit şampuanıyla sık sık yıkayıp ince tarakla taramak!

ZIPLAMA YARIŞI
BAŞLANGIÇ
BİTİŞ

İlk afişleri
Kim yapıştırdı?

"Zafer! Zafer!" Mezopotamya'da krallar başarılarını sergilenen tabletlerde duyuruyorlardı. Mısır'da da papirüs üzerine yazılmış bir afiş bulunmuştur. Afiş, kaçak iki köleyi yakalayana ödül vaat ediyordu. Meydanlara yerleştirilen ahşap tabletlerde resmî duyurular oluyordu.

Çinliler MÖ 220'de başlamış olan Han hanedanlığı döneminde kâğıdı ve kâğıt yapıştırıcısını icat ettiler. Artık resmî afişleri duvarlara yapıştırıyorlardı.

Ya reklam afişleri? İlk reklam afişi Almanya'da, 1482 yılında doğdu, ama bu uygulama Fransız reklamcı Jean-Michel Papillon'la birlikte 18. yüzyılda yaygınlaşmaya başladı. Tiyatro gösterileri afişler aracılığıyla duyuruluyordu.

Duvar kâğıdını bulan da soyadı "kelebek" anlamına gelen, aynı kişiydi. Odanızın duvarları kelebekli bir duvar kâğıdıyla kaplıysa, aman dikkat, servet değerinde olabilir!

Kimler bir araya gelir?

Kızlar kızlarla, erkekler erkeklerle, gençler gençlerle, yaşlılar yaşlılarla... "Aynılar aynı yerde!" atasözüne uygun olarak herkes kendi benzeriyle bir araya gelir.

İnsan, arkadaşlarıyla birlikteyken kendini iyi hisseder: Aynı müzik dinlenir, birlikte aynı filmlere gidilir, dönemin modasına göre aynı şekilde giyinilir... Zevklerin ve ilgilerin paylaşımı sonunda birbirimize benzememiz bizi çok mutlu eder! Çünkü güven veren "biz bizeyiz!" duygusu üzerinde temellenen bir dostluğun görünmez bağlarıyla birbirine kenetlenmiş; ortak zevkleri, fikirleri ve ilgileri olan bir grubun parçası olmak, insana kendini iyi hissettirir.

Ama gün gelir, birbirimize fazla benzemekten de sıkılabiliriz. Bu nedenle merak bizi farklı olanlara yöneltebilir: Bir başka kuşaktan, başka cinsiyetten, başka ülkeden, başka kültürden olan kişilere mesela.

Bize en az benzeyenlerle dostluk bağı kurarak, kendi küçük dünyamıza zenginlik, açıklık ve çeşitlilik katmış oluruz. Birini sevmek ve değer vermek için ona benzemek zorunda olmadığımızı fark ederiz. Değer vermek için dinlemek ve saygı duymak yeterlidir.

İlk şarkıyı kim kaydetti?

1877 Nisan'ında Fransız Charles Cros "paleofon" adını verdiği bir alet tasarladı. Sözler ve müzik metal bir silindire mika (ince, şeffaf yapraklar halinde) ve metal kalem aracılığıyla kazınacaktı.

Ses mika yaprağını ve kalemi titretecek, böylece kalem de metale bir çizgi kazıyacaktı. Daha sonra kalem bu çizgiden geçirildiğinde yaprak yeniden titreşerek başlangıçtaki sesi tekrarlayacaktı. Ama Charles Cros, Amerikalı Thomas Edison'un hızına yetişemedi. Edison 1877 Aralık'ında fonografının patentini aldı. O da aynı şekilde çalışıyordu.

Edison ilk denemesinde ünlü bir İngiliz ninnisini söyledi: *Mary Had a Little Lamb* ("Mary'nin küçük bir kuzusu varmış"). Böylece dünyada ilk kez tekrar tekrar dinleyebileceği bir şarkı kaydetmiş oldu. On bir yıl sonra Alman Emile Berliner plağı icat etti.

O da aynı ilkeyle işliyordu. Ama sesler bir silindir yerine balmumundan bir diske kaydediliyor, sonra bu diskin bir kalıbı alınıyor ve bu kalıpla da plaklar imal ediliyordu. Dolayısıyla her plağın sesi diğerinden farklı oluyordu. Binlerce kopya çıkarılıp satılabiliyordu. Müzik böylelikle herkesin erişebileceği bir şey oldu. 1982 yılında plağın yapım ilkesinin yerini lazer ışınıyla çizilen CD aldı.

Kim yalnızca 1 gün yaşar?

Mayıs sineğine *Ephemeroptera* da denir (Yunancada "bir gün yaşayan"). Birgün sineği, 300 milyon yıl önce ortaya çıkmıştır. Günümüze kadar gelmiş, en eski, kanatlı böcektir. Yaşam döngüsü çok şaşırtıcıdır.

Dişi birgün sineği nehre bin-bin iki yüz civarı yumurta bırakır. Yumurta, solungaçlı bir larva halini alır. Bu solungaçlar sayesinde sudaki oksijeni emer. Suyosunlarıyla beslenen larva çok yavaş büyür ve en az otuz kez deri değiştirir. Gelişimi bir ila üç yıl arası sürer!

Larva olgunlaştığında yüzeye çıkar, son derisinden kurtulur ve kanatlı bir böcek olur. Ama henüz yetişkin değildir. Uçamaz. Dönüşümünün tamamlanması için birkaç saat beklemesi gerekir. O sırada, kurbağaların düşlerini süsleyen avdır. Bu ara dönemin hayvanlar âleminde eşi benzeri yoktur, çünkü tüm diğer kanatlı böceklerin aksine son dönüşümlerinin ardından uçabilmektedirler.

Birgün sineği hemcinslerinin yanına varabildiğinde erkekler dişilerle iki küçük saniyecik boyunca birleşirler. Sonra dişi yumurtlamak üzere nehre gidip ölür. Erkek de yaşamaz. Birgün sineği üç yıl boyunca biriktirmiş olduğu bütün gücünü birkaç saat içinde, kimi zaman bir günden daha kısa sürede tüketir.

Nesnelerin biçimine kim karar verir?

Nesnelerin biçimlendirilmesinde iki temel zorunluluk vardır.
1. Teknik zorunluluk: Örneğin bir arabanın belli sayıda tekerleği, lastiklerin takılabilmesi için belli bir genişliği olmalıdır.
2. Pratik zorunluluk: Eğer arabamızın vites kolu direksiyonun solunda olursa arabayı yalnızca solaklar kullanabilir. Oysa insanların % 90'ı sağlaktır.

Yo, hayır, bir diş fırçasının ya da bir arabanın biçimi tesadüfi değildir! İmalatçılar, istisnasız her nesnenin biçimi için tasarımcıları görevlendirirler.

Ama teknik zorunluluklara uyuyor oluşu bir nesnenin satılmasına yetmez. Çekici olması da gerekir. Bu nedenle tasarımcılar nesnenin biçimi, rengi, dokunulduğunda, koklandığında veya dinlendiğinde verdiği his üzerine de çok düşünürler.

Bir araba üretirken karoserinin biçimi, boyası, koltuk derilerinin rengi ve kokusu, kapıların kapatılırken çıkardığı ses incelenir. Bir kişiyi herhangi bir arabayı satın almaya bütün bu noktalar yöneltir.

Yarın sabah diş fırçanıza bakın: Sapı yumuşaktır, elinizin boyutuna gayet iyi uyum sağlar. Sonra, diş macununuzun kapağını inceleyin. Açılma sisteminin yetişkinlerin kullandığı diş macunlarıyla aynı olmaması tesadüf değildir.

Ailede kim, neye karar verir?

Eskiden ailede her şeye babalar karar verirdi; küçük çocuklarına ve eşine buyurma hakları vardı. Onun otoritesi altında olanlar ise meslek seçiminde, evden dışarı çıkmakta, yolculuk yapmakta, para harcamakta onun onayını almalıydılar. Bu nedenle babaya "aile reisi" deniyordu.

Günümüzde ailede de toplumda da ilişkiler çok daha eşitlikçidir. Baba ile anne ebeveyn otoritesini paylaşırlar ve çocuklarını yetiştirmenin en iyi şekline birlikte karar verirler. Ebeveynlerden birinin her şeye karar verme veya canının istediğini yapma yetkisi olmamalıdır.

Buna karşılık, çocuklarının düzgün gelişimine özen göstermek anne babanın yükümlülüğündedir. Eğitimine ve gelişimine katkıda bulunan (okula gitmek, dengeli beslenmek, sağlığına dikkat etmek, tehlikeli şeyler yapmamak, topluluk halinde yaşayabilmek için başkalarına saygılı olmayı öğrenmek vb.) şeyler dışında herhangi bir fikri dayatmamalılardır.

Çocuklar ise gündelik yaşamlarının birçok anında kendileri karar verebilirler: arkadaşlarını, okuyacakları kitapları, oyunlarını, meraklarını ve "Ben büyüdüğümde... öğretmen, doktor, müzisyen, hatta denizci olacağım" diye başlayan gelecek düşlerini kendileri seçmeliler.

Ölülerin geri geldiğine kim inanır?

Canlanan cesetler, kana susamış vampirler, geldiğini belli etmek için masaya vuran ruhlar, uluyan hortlaklar... Endişe verici tuhaflıklarına rağmen yaşayan ölüler fikri hiçbirimize çok uzak sayılmaz. Televizyon, sinema, romanlarımız ve hatta son yıllarda video oyunlarımız onlarla doludur!

Ölülerin hayata geri dönebileceğine ciddi olarak pek az insan inansa da, çok çok eski zamanlardan beri dünyadaki tüm uygarlıkların kolektif imgeleminin parçasıdırlar. Örneğin, eskiden gömülmemiş olanların ruhlarının canlılar arasında sonsuza dek dolanmaya mahkûm olduğuna inanılırdı.

Çağımızın yazarları ve yönetmenler ürkütücü bir kişilik olan zombiyi sahnelemek için şeytanın ve kötücül güçlerin hizmetindeki kara büyünün etkisini fazlasıyla taşıyan, Haiti dini olan Vudu inancından esinlenirler. Çok güçlü bir büyücünün kötücül kudretiyle dirilip mezardan çıkan zombi, ölümün ve karanlıkların tanrısı olan Baron Cumartesi'nin kölesi olur ve onun bütün aşağılık işlerini koşulsuz bir biçimde yerine getirir.

Zombi ısırıklarına dikkat edin! Siz de yaşayan bir ölüye dönüşebilirsiniz.

Sevgilim,
işten kaçta
dönersin?

Ayıyı vurmadan postunu satan kimdir?

Vaktiyle ayılar, saldırılarından korunmak ve etiyle derisi için öldürülüyordular. Ama ayı öldürmek hiç de kolay değildi; plan yapmak gerekirdi. Henüz elde edilmemiş bir şey üzerine hesaplar yapmak anlamına gelen "ayıyı vurmadan postunu satmak" deyimi de buradan gelmekte.

Günümüzde ayı avı birçok ülkede yasaklanmıştır, çünkü ayılar hayvanlar arasında yok olan türlerdendir.

1980'li yıllardan itibaren hükümetlerin kurtarma planlarıyla sürüleri için endişelenen çobanlara rağmen, ayıların uyum sağlayacağı ve hızla üreyeceği umulabilir.

Kanada'nın kutup bölgelerinde ise beyaz ayı türü küresel ısınmanın tehdidi altındadır: Buzulların erimesiyle birlikte yaşam alanı daralmakta ve yiyecek bulmakta zorlanmaktadır. İklim değişikliğinin kutup ayısının hayatta kalmasını sağlayacak kadar sınırlı olmasını umalım.

Hem doğayı korumak hem de deyimimizi yaşatmak için...

Bizi kim mutlu edebilir?

Duygularımız hava durumuna benzer; değişkendir. Kimi zaman kendimizi hafif, mutlu ve rahat hissederiz. Kimi zaman da huysuzlaşırız. Sevdiğimiz biriyle kavga ettiğimizde, okulda zorlandığımızda, kendimizi huzursuz hissettiğimizde yağmurlu bir günü anımsatacak şekilde hüzünlü oluruz.

Bu durumda, genellikle ailemiz ya da dostlarımız arasında yaşama sevincimizi yeniden bulmamıza yardımcı olabilecek birinin yanına gideriz. Ama kimse bize mutluluğu bir tepsi üzerinde sunmaz. Sevdiklerimiz bizim bahtsızlık öykümüzü dinleyerek, problemlerimizi çözmek için bize çareler önererek derdimizi hafifletebilseler de, yüzümüze gülümsemenin konabilmesi bizim enerjimize ve irademize bağlıdır.

Mutlu olmak, olayların kötü tarafındansa iyi tarafına bakmaktan, ufkumuzu tıkayan sorunların altında kalmaktansa bu sorunları çözmek için harekete geçmekten ibaret bir sanattır.

yağmuru yağdıran ve havayı güzelleştiren kimdir?

Yine de insanlar göğün rengine ve rüzgârın yönüne bakarak hava durumunu öngörmeye her zaman uğraşmıştır. Doğanın dikkatle gözlemlenmesinin sunduğu bir dizi işaret, "Mart kapıdan baktırır, kazma kürek yaktırır." gibi atasözleriyle kuşaktan kuşağa aktarılmıştır.

1677 tarihli bir İngiliz yasası hava durumuyla ilgilenenleri yakılmaya mahkûm ediyordu. Çünkü krallık yetkilileri havayı, dolayısıyla geleceği tahmin etmenin açıkça büyücülük olduğunu düşünüyorlardı.

19. yüzyılın ortasından itibaren, gelişmiş ölçüm aletleri, balonlar, iskandiller, uydular yardımıyla iklim değişiklikleri incelenmiştir. Bu yeni bilim, gemicilerin ve uçak pilotlarının tehlikeli olabilecek kötü hava koşullarını öngörmesini sağlar. Aynı zamanda kasırga gibi doğal felaketlerin de habercisi olur.

19. yüzyıl sonunda kurulan Dünya Meteoroloji Örgütü'ne günümüzde 187 ülke üyedir. Tüm dünyaya yayılmış; karaya, denize, hatta havaya yerleştirilmiş 14 bin meteoroloji istasyonu yönetilmektedir. Bütün bu verilerle zenginleşen meteoroloji bültenleri de dünyada en çok seyredilen televizyon yayınlarındandır.

Kim cezalandırılmalı?

Okulda gürültü yaparsanız veya kavga ederseniz cezalandırılırsınız. Neden? Toplumsal yaşam, herkesin ister istemez uyması gereken bir yasa sistemi dayatır. Yasalar da dostluklarda olduğu gibidir: İnsanları birbirine bağlar.

Eğer herkes aklından geçeni yaparsa huzurlu bir ortam sağlanamaz. Sınıf, şehir, ülke; hepsi birer savaş alanına döner. Herkes kendi keyfine göre davranacağından, kimse kimseyle ilgilenmez.

Dolayısıyla cezalar, herkese yaptıklarından sorumlu olduğunu hissettirir. Kimsenin bir diğerine göre daha güçlü olmadığını, hepimizin eşit şartlarda ve saygı görmeye hakkı olduğunu hatırlatır.

"Parmağını burnundan çek!" "Ellerini yıka!" "Hanımefendiye günaydın de!" Eğer bu kurallara uymazsanız ve kimse sizi cezalandırmazsa, o kadın da bu kurallara uymayabilir. Sonuçlarını bir düşünün: Ya saçlarınızı okşar, yanaklarınızı sıkıştırırsa?.. İtiraf edin: Büyüklerin kurduğu bu tür samimiyetler o kadar da tatlı olmuyor.

Robotları Kim icat etti?

İçleri elektronik devrelerle doludur, tuhaf sesler çıkarırlar. Yıldız Savaşları filmlerindeki C3-PO gibi insana veya R2-D2 gibi elektrik süpürgesine benzerler. İlk robot, Leonardo da Vinci tarafından hayal edilmiştir. 1495 yılında Leonardo'ya ait mekanik bir şövalye çizimi bulunmuştur. Yine de, Jacques de Vaucanson'un ilk robotları imal etmesi için 1738'i beklemek gerekecektir: flüt çalan bir otomat ile bir ördek otomatı.

Günümüzde bir Japon şirketinin icat ettiği Aibo isimli bir robot köpek vardır. Emirlere uymaktadır; gelişim göstermeye, öğrenmeye yatkındır. Bir başka Japon şirketi de Asimo adında, insan görünümlü bir robot üzerinde yıllardır çalışmaktadır.

Asimo birinin elini tutarak yürümeyi ve koşmayı, nesneleri kavramayı başarır. Gelecekte engelli kişilere yardım edeceği umulmaktadır.

Ama bütün robotlar hayvanlara ya da insanlara benzemez. Çoğu da endüstrinin hizmetindeki eklemli kollardır. Otomobil fabrikalarında motorları süslemekte veya tamponları vidalamaktadırlar.

"Dırrrr! Dıııırrrr! Ben Robot Bobo, senin ödevlerini yapacağım." İlginizi mi çekti? Ne yazık ki Robot Bobo diye biri yok. En azından, şimdilik.

Mayonezin kıvamını tutturmanı emrediyorum!

Ölümden Kim Korkar?

Ölüm herkesi korkutur. Filozof Jankélevitch'in de belirttiği gibi, insanlar ölüm fikrine asla tam anlamıyla alışamazlar. Her ölüm sanki bir ilkmiş gibi kişileri şaşırtır ve ürkütür.

Yalnızca küçük çocuklarda ölüm kaygısına rastlanmaz. Onlar henüz ölümlü olmanın bilincinde değildirler ve sonsuza dek yaşayacaklarını düşünürler. Yedi yaşına doğru çocuk sonsuza dek yaşamayacağının bilincine varır: Bu fikre yavaş yavaş alışmaya bu dönemde başlar. Başkalarının; bir aile büyüğünün, bir ev hayvanının, bir yakının ölümüyle birlikte bütün canlı varlıklar gibi, insanların da doğduğunu, yaşadığını ve ardından da öldüğünü idrak eder.

Ölümlü olmanın bilincine varmamız sevindirici olmasa da, insanı hayvan türlerinden ayıran budur. Öyle ki, tarihöncesi dönem uzmanları, ölülerine saygı göstermeye başladığı andan itibaren insanın gerçek anlamda insan olduğunu kabul ederler.

Ölümün kaçınılmaz oluşu bizi korkutabilir. Fakat birkaç saat yaşayan mayıs sineğine veya birkaç hafta yaşadıktan sonra ölen kara sineğe kıyasla ömrümüzün bitmek bilmediğini düşünerek, hatta sonunda sıkıntıdan ölme ihtimalimiz olan sonsuzluğu hayal ederek teselli bulabiliriz!

Gezegeni kim ısıtıyor?

Ortalama hava sıcaklığı gezegenin birçok yerinde artmaya devam ediyor. Bu ısınma Kuzey Kutbu'ndaki suyun ısınmasına dayanamayan buzulun erimesine; ısınan su yer kapladığından mercan resiflerinin yok olmasına ve deniz seviyesinin yükselmesine yol açıyor.

Peki bu durumdan kim sorumlu? Sera etkisi yaratan gazları giderek daha fazla üreten hepimiz. Bu gazlar; su buharı, karbondioksit ve metandır. Bu gazların birikimi gökyüzünde bir tür kapak oluşturarak Dünya'dan gelen ısının uzaya dönmesini engeller. Hapis kalan bu sıcaklık gezegenin yüzeyini ve okyanusları ısıtır.

Çok fazla karbondioksit üretiyoruz. Buzdolaplarında; mazot, benzin ve gazla işleyen bütün motorlarda karbondioksit bulunur. Ne kadar çok araba kullanırsak, Dünya'nın üzerinde kapak oluşturan karbondioksiti de o kadar artırmış oluruz.

Diğer yandan, faaliyetimizin hafta içinden farklı olduğu hafta sonları, Dünya'nın genel ısısının yarım derece yükseldiği de kanıtlanmıştır. Dolayısıyla yaşam alışkanlıklarımızı değiştirerek gezegenimizi korumak mümkündür. Daha az tüketelim, gezmek ve işe gitmek için bisiklete binelim!

Kim elleriyle yemek yer?

Üç farklı şekilde yemek yenir: Elle, çubuklarla ve çatal bıçakla. Elle yemek yemenin çok kibar bir davranış olmadığını düşünmemiz, bu alışkanlığın birçok ülkede ne kadar yaygın olduğunu bilmeyişimizle alakalıdır. Üstelik elle yemenin çok kesin teknikleri de vardır!

Bu tekniği bilmeyen biri elleriyle yemek yiyemez. Üç parmakla ya da beş parmakla yemek, yemekten önce ya da sonra el yıkamak gibi, kişiden kişiye değişir. Ama bu farklılıkların ötesinde bir tane altın kural vardır ki neredeyse her yerde geçerlidir: Yemek sağ elle yenir.

Elle yemek yeneceği zaman yiyecek kolay kavranabilir parçalar halinde sofraya getirildiğinden, çatal bıçak kullanmak gereksizdir. Yemek, yiyenin üstünün başının kirlenmemesi için Papua Yeni Gine'de yaprakların içine konur. Pişirme sırasında da bu yapraklar kullanılabilir. Hindistan'ın bazı bölgelerindeyse peksimet üzerinde yenir.

Eskiden çatal soyluların kullanımındaki lüks bir nesne iken zaman içinde gündelik kullanımımıza girmiştir. Ama modern beslenme alışkanlıklarımız bize giderek sandviç ya da cipsi ayak üstü ve elle yemeye teşvik etmektedir.

Bebeğin cinsiyetine kim karar verir?

Bebekleri hepimize küçükken anlatıldığı gibi leylekler getiriyor olsaydı, müstakbel anne babaların küçük bir kız veya erkek çocuk için bir çiftliğe gitmeleri yeterli olurdu.

İnsanın oluşumu iki üreme hücresinin (annenin yumurtasıyla babanın spermi) birleşmesinden doğan meyvedir. Cinsiyeti belirleyen spermdir, çünkü o hem dişi hem erkek kromozom taşırken, annenin yumurtası yalnızca dişi kromozom taşır. Ama X (dişi cinsiyet) kromozomu ya da Y (erkek cinsiyet) kromozomu taşıyan bir spermi ayırt etmenin yolu yoktur.

Geleceği pembe mi yoksa mavi mi hayal etmek gerektiğini ultrason (anne karnındaki bebeği görmeyi sağlayan bir röntgen sistemi) sayesinde erkenden (hamileliğin dördüncü ayına doğru) öğreniyor olsak da, bebeğin cinsiyetinin oluşması olasılıklara dayanır.

Eskiden aileler soyadlarının devamı ve büyüdüğünde eve para getirebilmesi için erkek çocukları olsun isterdiler. Günümüzde bu durum kısmen aşılmış, anne baba için çocuklarının cinsiyetinden çok sağlığı ve zihniyeti önem kazanmıştır.

İçme suyunu kim sağlıyor?

Eskiden, berrak ve kokusuz olan suyun içmeye uygun olduğu düşünülürdü. Ama 19. yüzyılda, ünlü mikrobiyolog ve kimyager Louis Pasteur suyun içinde kolera ve tifüs gibi sağlığa zararlı mikroplar olduğunu keşfetti. Bu devrimci keşfi Pasteur şöyle özetledi: "Hastalıklarımızın %90'ını içiyoruz!"

O zamandan beri, yalnızca kaynak sularının doğal olarak içilebilir olduğunu; nehir, ırmak, yağmur, göl sularının ise "içilebilir kılınması" gerektiğini biliyoruz. Kamusal veya özel uzmanlık merkezlerinin gerçekleştirdiği bu uygulama; büyük atıklardan arındırmak, küçük atıklardan arındırmak için ince elekten geçirmek, mikro-atıklardan arındırmak için kum filtresinden geçirmek, son olarak da mikrop, virüs ve bakterileri öldüren klorun suya katılması aşamalarından geçer.

Gelişmiş ülkelerdeyse etkin bir su dağıtım şebekesinden yararlanılır: Musluğu açmanız içme suyuna ulaşmanız için yeterlidir.

Her ne kadar bizler günde ortalama 25-50 litre su kullansak da, dünyada bir milyar insan (özellikle Asya ve Afrika'da) su sıkıntısı çekmektedir; her gün milyarlarca insan sağlıksız su içtiği için ölmektedir.

Konulara Göre Dizin

Sanat

Toplum bilimleri

Duygular

İnanç

Tarih

Vücut

Doğa

Alışılmadık

Teknik

Toplumda yaşam

Uzay

ve fazlası

Dizinin kitapları:

Meraklı minikler soru sormaya bayılırlar, öyle değil mi?

Toplamda 72 soru;
bazıları eğlenceli, bazılarıysa
oldukça ciddi konular hakkında...
100'lerce farklı cevap; doğa,
duygular, toplum, yeryüzü üzerine...
Keşfetmeye hazır mısın?

- Neden rüya görürüz?
- Neden anne babalar köpek istemez?
- Çiçekler neden güzel kokar?

Sorular sonsuz olsa da sen durma!

Haydi birlikte soralım: Acaba neden?

Gezegenler **neden** yuvarlaktır?

Neden çikolatayı seviyorum da ıspanağı sevmiyorum?

Bir gün **neden** 24 saat?

Kediler ve köpekler **neden** birbirlerinden nefret ederler?

Gökyüzü **neden** mavidir?

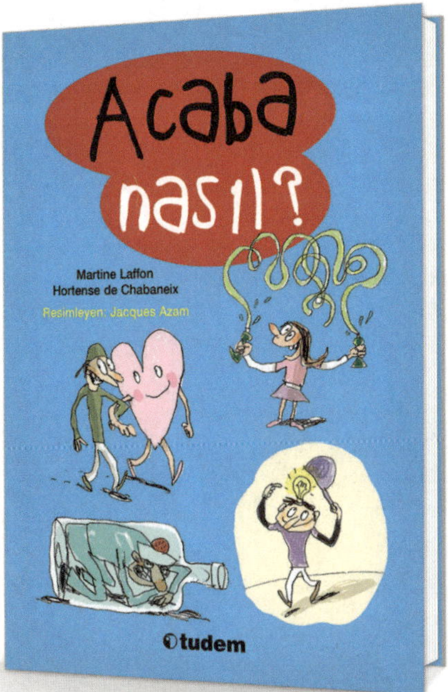
Acaba nasıl?
Martine Laffon
Hortense de Chabaneix
Resimleyen: Jacques Azam
tudem

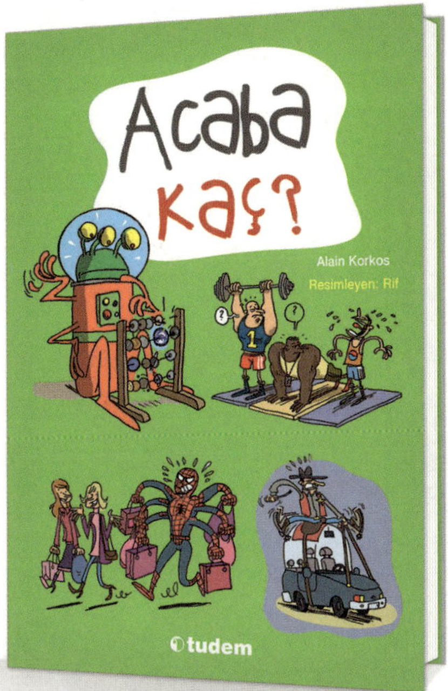
Acaba kaç?
Alain Korkos
Resimleyen: Rif
tudem

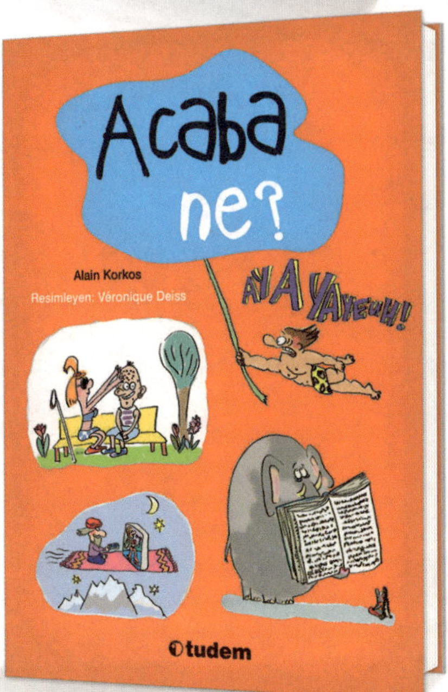
Acaba ne?
Alain Korkos
Resimleyen: Véronique Deiss
tudem

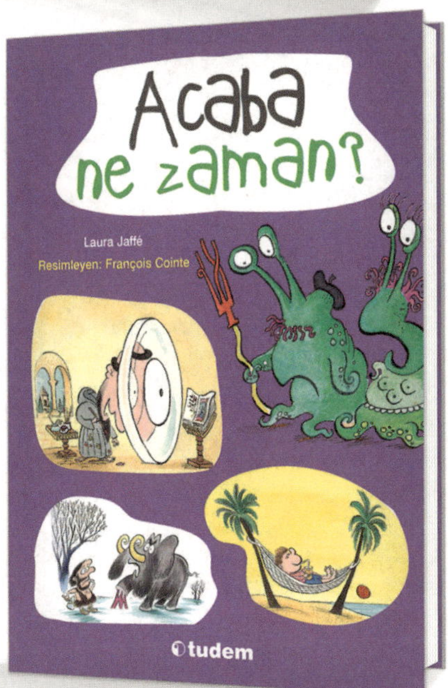
Acaba ne zaman?
Laura Jaffé
Resimleyen: François Cointe
tudem